AF227238

CÉRÉMONIE FUNÈBRE

DE

SAINT-PIERRE-LA-CLUSE.

SOUVENIR DU 1er FÉVRIER 1871.

BESANÇON,

IMPRIMERIE ET LITHOGRAPHIE DE J. JACQUIN,

Grande-Rue, 14, à la Vieille-Intendance.

—

1872.

CÉRÉMONIE FUNÈBRE

DE

SAINT-PIERRE-LA-CLUSE.

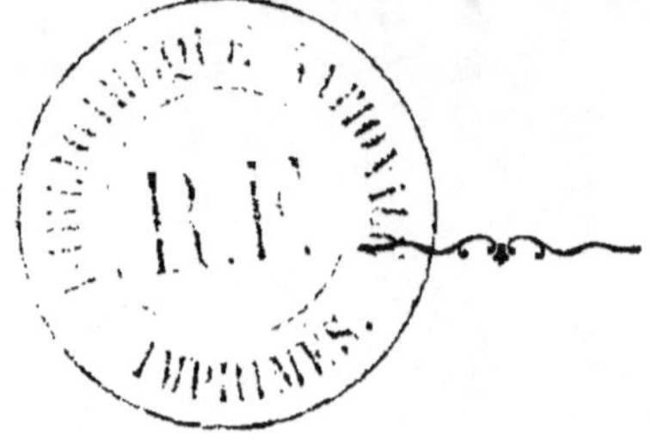

SOUVENIR DU 1er FÉVRIER 1871.

BESANÇON,

IMPRIMERIE ET LITHOGRAPHIE DE J. JACQUIN,

Grande-Rue, 14, à la Vieille-Intendance.

—

1872.

CÉRÉMONIE FUNÈBRE

DE SAINT-PIERRE-LA-CLUSE.

Le dernier et héroïque effort de l'armée française dans la campagne de l'Est a été célébré à Saint-Pierre-la-Cluse, mardi 21 mai. Le clergé, l'armée, la magistrature, des populations entières, sont allés auprès d'un modeste, mais glorieux tombeau, verser des pleurs avec des prières, et écouter une parole qui sait toucher, émouvoir et charmer. La ville de Pontarlier s'était associée tout entière à cette grande démonstration, le tribunal avait suspendu ses séances, la compagnie du chemin de fer avait organisé un train spécial, et, à neuf heures du matin, une foule compacte descendait au Franc-Bourg, au pied même du vieux fort de Joux, et se dirigeait du côté de l'église de Saint-Pierre.

Tout était en deuil, le ciel comme la terre. La pluie tombait à torrents ; des brouillards, pareils à de blancs linceuls, se traînaient le long des noires forêts de sapins, aux flancs des rochers, et semblaient voiler les divers lieux où tant de braves soldats étaient tombés pour défendre ces portes de la France. La foule s'arrêtait émue à l'entrée du cimetière, regardant en silence le monument funèbre élevé par les soins de M. le curé de Saint-Pierre. Au milieu de fragments de rochers se dresse la tombe, surmontée d'une croix. Autour du signe sacré s'enroule une guirlande de fleurs, symbole d'une double espérance : celle qui touche au ciel, celle qui se rattache à notre chère patrie.

Sur des plaques de marbre blanc se lisent ces mots :

« A la mémoire des soldats morts au combat de la Cluse, le 1ᵉʳ février 1871.

» Ils ont résolu de combattre avec courage.

» Pareils à des lions, ils se sont précipités et ont fait périr plus de mille ennemis. (Machab.) »

> Passants, saluez en silence
> Ceux qui reposent en ce lieu ;
> Soldats, ils sont morts pour la France,
> Laissant aux jeunes la vengeance,
> Leur âme et leur épée à Dieu !

Une grande draperie noire, semée de larmes et de croix, fermait l'entrée de l'église. Dans le sanctuaire, tout rappelait le deuil mais aussi la vaillance : de sombres tentures, sur lesquelles se détachaient des couronnes d'immortelles, des fusils en faisceaux, des tambours et des drapeaux voilés de crêpes funèbres.

A dix heures, les soldats du fort de Joux descendent les pentes rapides de la montagne : le clairon résonne, les portes de l'église s'ouvrent, et le cortége vient prendre place dans le sanctuaire.

En tête, M. Picard, général commandant la division de Besançon, M. le baron de Sandrans, préfet du Doubs, le général Robert, un des héros du 1er février, M. l'abbé Morel, l'intrépide aumônier des Vosges, qui a pris une si grande part à la bataille, le sous-préfet de Pontarlier, le lieutenant Jozan, beaufrère du colonel Achilli, cette grande victime de la journée, une foule d'officiers de tout grade ; le président et le procureur de la république, les membres du barreau de Pontarlier, d'anciens magistrats de Besançon, M. le président Clerc et M. de Jallerange, les curés et les maires de toute la contrée, plusieurs prêtres suisses et parmi eux M. le curé de Neuchatel.

Ce sympathique empressement témoignait de l'honneur que 'on voulait rendre aux morts ; mais ce qui touchait davantage, c'était de voir des pères, des veuves, des enfants, venus de bien loin pour prier sur cette tombe, et qui se consolaient du moins en voyant comment, en Franche-Comté, on honore le courage et le dévouement. En un clin d'œil, les trois nefs de l'église furent remplies, les tribunes envahies, et on entendait au dehors le bruit d'une autre foule, bruit semblable à la voix des grandes eaux. La cérémonie était présidée par M. Perrin, vicaire général ; M. le curé de la Cluse offrit le saint sacrifice. Après l'évangile, M. Besson monta en chaire. Pendant une heure, sa parole émut l'assistance entière. Que de traits de courage, que de mots dignes de notre antique vaillance, que d'exemples pour ceux qui restent, qui gémissent et qui espèrent! Après l'absoute, faite par M. le vicaire général, on bénit la tombe nouvelle. M. le général Picard fit, en quelques belles paroles, l'éloge des vaillants soldats, et M. le préfet du Doubs exprima, avec son éloquence accoutumée, les émotions de la cérémonie.

La foule, qui n'avait pu prendre place dans l'église, vint, à son tour, offrir le tribut d'une prière pour ceux qui dorment en attendant le jour glorieux de la résurrection. Plusieurs suivaient les chemins des forts, et de là se montraient les divers lieux où avait éclaté le courage des nôtres : les Fourgs, le val d'Oye, Notre-Dame de Montpetot, le château de Joux, et le Larmont d'où partait la fusillade, et surtout cette longue route des Verrières, où aucun Prussien n'imprima ses pas. Chacun se redisait la parole adressée à M. l'abbé Besson par le général Robert, et que l'orateur considérera sans doute comme le plus bel éloge de son discours : « Monsieur l'abbé, vous avez peint le combat comme si vous y aviez assisté. »

H. RIGNY.

ORAISON FUNÈBRE

DES SOLDATS MORTS AU COMBAT DE LA CLUSE,

LE 1er FÉVRIER 1871,

PRONONCÉE PAR M. L'ABBÉ BESSON.

Leonum more irruentes in hostes, prostraverunt ex eis mille . ..
universos autem in fugam verterunt.

*Ils se précipitèrent sur l'ennemi avec la fureur des lions, ils en abat-
tirent mille à leurs pieds et mirent tout le reste en fuite.*
(II. Machab., XI, 11-12.)

J'étais donc destiné à répandre partout les pleurs des livres saints
sur cette longue trace de sang que la guerre a imprimée, à travers
nos plaines et nos montagnes, d'une extrémité à l'autre de notre
chère Comté. Après avoir suivi nos braves le long de l'Ognon et de
la Saône dans leur campagne, le long du Doubs et de la Loue dans
leur retraite, à Cussey, à Héricourt, à l'Isle, à Ornans, nous voici,
prêtres, soldats, magistrats, rassemblés dans le dernier coin de terre
que nous ayons disputé à l'ennemi, sur le théâtre du dernier combat, en face du dernier tombeau. La reconnaissance et l'admiration
ne se lassent jamais. Ce champ de bataille, un ministre (1) le regarde avec tout l'intérêt du patriotisme et de la stratégie, et les généreuses sympathies qu'il nous témoigne s'expriment avec assez
d'éclat, puisqu'il se fait représenter ici par un de ses frères d'armes (2), Comtois de naissance comme il l'est lui-même par l'adoption
et par le cœur. Ce monument, un grand prélat (3) a donné l'ordre

(1) M. le général de Cissey, ministre de la guerre.
(2) M. le général Picard, commandant la 7e division militaire.
(3) Mgr le cardinal archevêque de Besançon.

de l'élever à la mémoire de nos morts ; les paroisses voisines viennent y apporter leur offrande ; des pères, des veuves, des frères, des enfants, des prêtres, viennent y verser les larmes de la famille, de l'amitié, de la paternité spirituelle ; des soldats viennent revoir les lieux où ils ont tiré l'épée pour la dernière fois, et les maisons hospitalières où ils ont serré la main à leurs camarades aux prises avec la mort ; enfin l'Eglise et la France, réunies dans cet humble village désormais cher à l'histoire, s'agenouillent ensemble au pied des autels pour bénir le cimetière des héros et consacrer la pierre du souvenir. Mais un rayon de gloire se mêle ici à notre deuil. C'est avec l'accent du triomphe qu'il convient de raconter le combat de la Cluse ; c'est avec des lauriers et des couronnes que nous irons environner ce tombeau. Nous célébrons le dernier combat, mais ce combat est la première revanche. Nous saluons le dernier tombeau, mais les soldats qui y dorment ont déjà été vengés par la victoire, et je peux leur appliquer la louange que l'Ecriture décerne aux Machabées : *Ils se sont battus comme des lions ; ils se sont précipités sur l'ennemi, ils en ont tué plus de mille, et ils ont mis tout le reste en fuite.* Il fallait combattre, il fallait mourir. Ecoutez cette leçon d'honneur militaire et de valeur chrétienne, la dernière, mais la plus éloquente peut-être de toute la campagne, et qui, si les paroles me manquent, parlera assez d'elle-même à votre patriotisme et à votre foi.

I. Il fallait combattre : c'est un mot que je n'hésite pas à prononcer et qui résume ici tout l'honneur, tout le devoir, tel qu'il convient à la France de l'entendre. On reconnaît assez que nous avons de la générosité dans le caractère et de l'élan au début d'une campagne ; mais on nous accuse d'être incapables d'attendre, de résister, de souffrir ; on nous reproche d'avoir lâché pied ; on nous compte parmi les nations découragées. Je viens répondre à ce reproche par le récit du combat de la Cluse : ce récit est un grand exemple. Je ne le propose pas seulement aux soldats, mais aux citoyens, mais à tous ceux qui, dans la vie civile comme dans la vie militaire, ont un devoir à remplir, et qui n'osent plus se promettre le succès. A ceux qui se croisent les bras en attendant la catastrophe suprême, je viens dire : la catastrophe, c'est votre lâcheté. Battez-vous, au lieu de vous plaindre et de vous désespérer, battez-vous jusqu'à la dernière heure, la plume à la main, la parole aux lèvres, l'énergie au fond de l'âme. Les ennemis jurés de l'ordre social tomberont à vos pieds par milliers, et les lâches qui les suivent seront mis en fuite. A ceux qui demandent à Dieu des miracles pour se dispenser d'avoir eux-mêmes des vertus, je viens dire : Le miracle, c'est à vous de le faire. Sauvez-vous du découragement, et Dieu sauvera la France de la décadence et de la ruine. Du courage après la défaite ; de l'espérance après le désespoir ; de l'action, encore de l'action, toujours de l'action, tant qu'il vous reste un devoir à remplir, c'est-à-dire un vote à donner, une vérité à soutenir, un coin de terre à défendre, un tronçon de plume ou d'épée au poignet, un cri dans la bouche, une étincelle dans le regard, un battement dans le cœur.

Il fallait combattre à la Cluse, même le 1ᵉʳ février 1871, quand tout le reste de la France venait de déposer les armes. Quel devoir inattendu ! quelle espérance trahie ! La continuation de la guerre était impossible, la conclusion de la paix était évidente. A la nouvelle de l'armistice, une vive et profonde joie avait circulé dans tous les rangs, et notre armée de l'Est, épuisée de fatigues, accablée de froid, mourant presque de faim, plus traînante et plus malheureuse que la grande armée après le désastre de Moscou, avait ralenti sa marche entre Montbenoît et Pontarlier, comme pour reprendre haleine et mettre plus de liberté dans ses mouvements. Mais quoi ! l'armistice n'est point fait pour elle, et cette fatale exception, ignorée des nôtres, ne profite qu'à nos ennemis. Manteuffel précipite sa marche, surprend à Chaffoy et à Sombacour nos troupes, qui reposaient sur la foi de la bonne nouvelle, et couronne de son avant-garde toutes les hauteurs du Jura. Mouthe, Foncine, Saint-Laurent, Saint-Claude, tombent en son pouvoir. Toutes les routes sont fermées, excepté celle de la Suisse ; encore un jour, et cette dernière ressource sera à jamais perdue. Tous les yeux se tournent vers le général en chef. Ah ! sauvez-la, général, sauvez-la de la captivité ou de la mort, cette armée de cent mille hommes, la dernière de la France, signez cette convention qui vous ouvre un territoire neutre : la Suisse vous tend les bras, la France vous remercie, l'honneur vous absout.

L'honneur ! que dis-je, ce n'est pas assez : non-seulement l'honneur y sera, mais encore la victoire, qui devrait être partout, comme à la Cluse, l'inséparable compagne de l'honneur. Clinchant a juré, comme autrefois Moreau, qu'il ne perdrait dans sa retraite ni un soldat ni un canon. C'est au général Billot et au 18ᵉ corps, renforcé par une brigade de réserve, qu'est échue la tâche suprême de veiller aux portes de la France et d'assurer le salut de l'armée. Ce rôle convenait au 18ᵉ corps. Formé en un mois, grâce à l'incomparable activité du général, moitié par des soldats de marche, moitié par des gardes mobiles, il avait battu l'étranger à Juranville ; l'extrême jeunesse de certaines troupes était soutenue par l'expérience des plus vieilles ; enfin il y avait dans l'âme des chefs du patriotisme, du courage, un vif et généreux sentiment de l'honneur militaire. La plupart de ces braves gens, attristés de céder au froid et à la fatigue, se sentaient comme impatients de se retourner contre l'étranger. On leur annonce qu'ils vont tirer le glaive avant de le remettre aux mains d'une nation voisine et amie, et les voilà qui déploient leur ligne de défense le long des hautes chaînes du Jura, des Verrières à la Cluse, dans le val d'Oye, jusqu'aux hauteurs des Fourgs, partout où l'ennemi peut attaquer nos derrières, tourner nos lignes ou couper nos passages. Essayez maintenant, heureux vainqueurs, d'entamer cette ferme arrière-garde ! La France vous attend, et vous saurez ce que vaut, ce que coûte le dernier soupir de la défense nationale.

Non, l'Allemand ne le savait pas. Il cherche sa proie, il la guette, il croit la tenir. Voyez, dans la matinée du 1er février, ces longues files noires qui se dessinent à l'horizon, et qui se détachent, par un mouvement rapide, sur la neige dont le sol est couvert. C'est une armée tout entière archarnée à notre perte. L'infanterie en occupe le centre, la cavalerie en forme les ailes, l'artillerie en soutient la marche à travers des routes déjà détrempées par un affreux dégel et couvertes de débris plus affreux encore. Pontarlier même ne les arrête pas. Ils se précipitent à travers la ville, ils remplissent les rues de leurs détonations et de leurs cris, ils franchissent le Doubs, ils demandent à tous les points de l'horizon où est cette dernière armée qui leur échappe, cette dernière proie qu'ils ont promise à leur rapacité et à leur orgueil. Le Français s'est donc dérobé à cette furieuse attaque ? Non, il repose dans ses lignes, et vous ne les forcerez pas. Une colonne prussienne, forte de cinq cents hommes, s'engage d'un pas rapide à travers la montagne, s'avance à la faveur d'un bois et médite de surprendre le village d'Oye, où le général Brémond d'Ars a disposé sa cavalerie, appuyée par quelques compagnies de chasseurs d'Afrique. Les lions d'Afrique suffiront à notre défense. A peine avertis, ils accourent au pas de charge, fondent sur les flancs de l'ennemi, le délogent du bois qui le couvre et le refoulent jusque sur Pontarlier avec un immense convoi de morts et de blessés.

Ce n'est là que le présage d'un plus beau succès. L'Allemand avait tourné vers la Cluse ses meilleures armes, car le col de la Cluse est comme une clé mystérieuse pour ces barrières de rochers dressées par la main de la nature entre la Suisse et la France. On dirait une brèche à peine élargie par la main de l'homme, mais gardée à vue par les forts de Joux et du Larmont. Quel étroit passage ! C'est là que les hommes, les canons, les chevaux, les voitures, se pressent par milliers. La nuit succède au jour, le jour à la nuit, et le défilé dure encore. L'Allemand le sait, mais il ne savait pas que la foudre éclaterait sur sa tête du haut de ces remparts qui semblaient abandonnés, ni que nos lions blessés à mort se retourneraient au dernier moment contre cette nuée de triomphateurs. Comptons les heures, mesurons les coups, jouissons de notre dernière victoire et de notre première revanche.

Il est midi, le combat commence. Les nôtres ne se sont repliés qu'au contact de l'ennemi, et marchant lentement vers le col de la

Cluse, ils en défendent les versants, du côté de Pontarlier, par une vive fusillade qui décime les Prussiens jusque dans le faubourg de Saint-Etienne. C'est en vain que Zastrow établit ses batteries sur un plateau voisin, ouvre un feu violent et couvre d'obus la route et le vallon. Le canon des forts l'oblige au silence, quand une panique répandue au milieu des convois par les décharges de mousqueterie se communique aux troupes déployées au delà du col et les fait reculer jusqu'aux premières maisons de la Cluse. N'appréhendez rien de ce mouvement involontaire. Pallu de la Barrière ramène sa brigade au combat et gravit, sous un feu meurtrier, les pentes escarpées de l'étroit passage. Il faut reconquérir le terrain perdu. Trois généraux y mettent leur personne, leur épée, leur magnanimité et leur sang-froid : Billot, Pilatrie, Robert. Excusez-moi si je les nomme, malgré la présence de plusieurs ; je parle d'avance le langage de la postérité. Trois officiers supérieurs y mettront leur tête. Quel prix, grand Dieu ! mais qu'importe le prix là où commande le devoir ? Saint-Aulaire est tombé, Achilli le venge et tombe à son tour ; Gorincourt reçoit un coup mortel. Qu'importe que les officiers tombent quand les soldats les suivent ! L'aigle de l'Allemagne recule, et les trois nobles victimes demeurent ensevelies dans leur triomphe.

Il se fait alors entre les deux armées comme un moment de trêve et de silence. Un Prussien se détache des lignes, et s'adressant au général Robert : « Toute résistance est inutile ; vous êtes tournés, il ne vous reste plus qu'à vous rendre. » La réponse du général est aussi fière que celle de la vieille garde ; elle est plus simple peut-être : « Pardon, répond-il avec une tranquillité sublime, il nous reste à mourir, » et il donne dix minutes au parlementaire pour rejoindre les siens. La fusillade recommence plus vive que jamais. A la place de la brigade de réserve, qui avait supporté jusque-là presque tout le poids de l'action, le 42ᵉ et le 44ᵉ de marche soutiennent l'attaque et gardent l'honneur du passage. Partout la résistance, partout la victoire. Les soldats du génie se barricadent dans les maisons de la Cluse ; le 92ᵉ de ligne, rappelé des Verrières, s'embusque en tirailleurs et répond avec un sang-froid merveilleux au feu plongeant de l'ennemi. Sur les plateaux, presque à la hauteur des forts, l'amiral Penhoat brave, à la tête du 52ᵉ de marche, tout le feu de la mousqueterie. Sa fermeté ne se démentira pas. Il est de ces marins qui sont venus donner à nos soldats l'exemple entraînant du dévouement et du sacrifice. Il était, sans le savoir, en face de la chapelle de Notre-Dame de Montpetot, si chère aux marins et aux soldats des siècles passés, et où l'on voit encore, parmi les *ex-voto*, l'image d'un vaisseau échappé au naufrage. O Marie ! ô douce étoile, si propice aux matelots français, levez-vous sur eux, dans ce ciel tout chargé de poudre et de fumée, et donnez-leur d'achever la bataille.

Certains mobiles plient un moment, mais deux compagnies du Tarn, conduites par le commandant de Bourbon-Busset, offrent l'exemple de la résistance, et le 52ᵉ reprend l'offensive. *En avant ! à la baïonnette !* crient les officiers. Ce cri redouté des Prussiens commence leur déroute, et les plateaux demeurent au pouvoir de l'amiral. Il est cinq heures, la nuit tombe, on tire encore, les dernières balles se perdent dans les ténèbres, ce sont les derniers coups de fusil que la France échange avec l'Allemagne. La France a maintenu sa ligne de défense dans toute sa longueur, l'Allemagne a reculé partout. Quel défilé ! quelles Thermopyles ! Là, nous mourrons comme les Spartiates, mais plus heureux que les Spartiates nous avons refoulé la barbarie ; le sol nous reste, et le pied de Xerxès ne le foulera pas.

Levez maintenant les yeux avec un légitime orgueil vers ces deux sentinelles qui ont si bien gardé les portes de la patrie. C'est la première fois que le fort du Larmont est à la bataille. Mais comme il a supporté le feu et comme il a vaillamment répondu à l'ennemi ! Non, je ne passerai pas sous silence ces traits obscurs de fidélité et de valeur, qui sont restés jusqu'à présent sans récompense, parce qu'ils ont échappé aux regards des hommes. Il faut nommer les héros du jour pour que l'ingrate postérité ne les oublie pas. C'est d'abord un humble ouvrier, dont la vaillance est un titre d'honneur pour cette paroisse (1). Ancien brigadier d'artillerie, il s'est souvenu à quarante-cinq ans d'avoir porté les armes ; il a quitté le rabot, repris le mousquet, et il s'est trouvé presque seul au fort du Larmont, le matin de ces engagements suprêmes. Il a pointé la première pièce, il a frappé à la tête un colonel ennemi. Venez au secours de ce brave, il en est temps. Le lieutenant Malespine le relève, une compagnie du 29ᵉ de marche s'installe dans le fort, la légion bretonne s'échelonne sur les pentes. Le Prussien croyait le Larmont sans défense, le Prussien s'est trompé. Qu'il l'aborde de face ou de revers, son sort sera toujours le même. Le sentier qu'il se fraie à travers la neige sera bientôt couvert de cadavres, et en voyant tomber le long de ces rochers fameux ces ennemis déçus dans leur espoir, il y a, pour le patriotisme satisfait, comme le sentiment d'une première revanche. La France se tait, mais elle est déjà vengée.

Combien cette journée ajoute à la gloire du vieux fort ! Là commande, dès la veille seulement, un colonel expérimenté (2), qui organise à la hâte une merveilleuse défense, et dont rien n'a lassé ni le patriotisme ni le courage. Ne lui parlez pas de capitulation ; il brave les menaces d'un ennemi incapable d'attaquer les ci-

(1) Léandre Merchet, menuisier à Saint-Pierre-la-Cluse.
(2) M. le colonel Ploton.

tadelles du Jura ou impuissant à les prendre, comme on le voit de Belfort à Besançon et d'Auxonne à Salins. N'essayez pas de le tromper en demandant un armistice pour enterrer des morts. Il observe l'Allemand, il devine qu'il vient choisir des points d'attaque, il le surprend à dresser des batteries; la fourberie est déjouée, et l'étranger est ramené de vive force au respect du droit des gens et aux règles du Code militaire. Les épreuves du fort de Joux durent presque sept jours. Chaque jour une colonne prussienne sort de Pontarlier pour tenter de tourner, d'escalader, ou de surprendre la vieille forteresse; chaque soir cette colonne rentre avec des morts et des blessés, la honte au front, le découragement dans l'âme, déclarant l'entreprise impossible, comptant tout bas ses pertes sans les avouer, maudissant tout haut ces rochers où tant de Prussiens ont mordu la poussière, et où l'aigle du nouvel empire est venue briser ses serres victorieuses. Lève la tête, ô noble château! salue les défenseurs de Belfort qui passent devant toi, avec leurs drapeaux troués par les balles, le front plus haut que leur fortune, le regard tourné vers ces murs qui semblent leur sourire. Tu viens d'ajouter à tes annales une page plus noble que la prison de Mirabeau et plus émouvante que les tortures de Berthe de Joux. Nous avons revu les sires de Joux avec toute leur audace; mais il y a ici quelque chose de plus que les coups d'épée du moyen âge et les récits de nos légendes, il y a les larmes et les soupirs d'une grande nation. Ces larmes sont des batailles, ce soupir est une victoire. La France est déjà vengée.

Enfin il est sur ces hauteurs une sentinelle plus avancée, dont il me faut proclamer la vigilance pour répondre à votre reconnaissance et à votre piété. J'ai déjà nommé Notre-Dame de Montpetot. Là, s'il vous en souvient, nous avions prié, nous avions pleuré ensemble sur les journées si néfastes de Wissembourg, de Forbach et de Reischoffen. C'était le 15 août 1870; nous étions à la veille de Sedan. Vous étiez venus, bannières en tête, faire ce pèlerinage si cher à vos ancêtres et consacré par tant de souvenirs. Là, Montperreux, les Verrières, les Fourgs, la Cluse, agenouillés sous l'orme séculaire qui abrite l'humble chapelle, sollicitaient l'intercession de la Mère de Dieu en faveur de la France déjà battue et envahie. Nous montrions à Notre-Dame de Montpetot ces rochers et ces forts, en la suppliant d'en prendre la garde. Nous lui recommandions vos enfants, avec la ferme espérance qu'elle se souviendrait de leurs mères et qu'elle étendrait sur eux, dans les batailles, son sceptre maternel. Nous regardions vos foyers et nous implorions pour vous les bienfaits de la paix. Eh bien! ces religieuses paroisses ont été respectées par l'invasion. Pas un de vos enfants n'a péri, pas un n'a été blessé. Ces forts, ce col fameux, ces clés de la France, Notre-Dame de Montpetot les a bénis. Cette Allemagne, qui a répandu ses flots envahisseurs en Alsace, en Lorraine, en Bourgogne, en Champagne, de Metz à Paris et de Dijon à Rouen, s'est arrêtée ici sous un doigt invisible. Elle s'est arrêtée quand il ne lui restait plus à prendre qu'un lambeau de terre, au dernier jour et à la dernière heure. Elle s'est arrêtée devant la poitrine de nos braves, le canon de nos forts, le regard de Marie. Gloire à Marie ! gloire à la France! gloire à l'arrière-garde de notre dernière armée !

Reposez donc en paix sous le toit de ce presbytère, de ces écoles, de ces maisons modestes si empressées auprès de vos douleurs, valeureux débris du combat de la Cluse. Goûtez encore sur la terre de France le sommeil de la nuit; l'ennemi ne le troublera pas. Vous entrerez demain en toute sécurité dans cette terre helvétique si chère à l'honneur et à la liberté de la civilisation chrétienne. Quelle émotion à votre approche! quelle noble et sympathique pitié à votre vue ! Il court d'un bout de la Suisse à l'autre comme une étincelle qui allume la charité dans toutes les âmes. Les portes, les bourses, les cœurs, tout s'ouvre à la fois. Neuchatel, le Val de Travers, Lausanne, Zurich, Bâle, Fribourg, Genève, se disputent l'honneur de nous recevoir. Les villages le disputent aux villes à force d'empressement et de générosité. Nous croyions entrer chez des voisins, nous rencontrons des amis et des frères. Tout âge, tout sexe, toute confession, s'emploient à cette grande œuvre de la charité internationale. Les enfants et les écoliers tendent aux affamés leurs mains chargées de vivres; nos blessés trouvent des infirmiers par centaines, toutes les femmes veulent être des mères auprès de nos mourants. Est-ce la Suisse? est-ce encore la France? O douce illusion, qui nous rend au delà des monts la patrie absente, mais la patrie heureuse et prospère, telle que nous l'avons connue dans des jours meilleurs ! Non, jamais nous n'acquitterons en paroles assez éloquentes ni en actions assez généreuses la dette sacrée de la reconnaissance française. Dieu vous le rende, nobles voisins! Dieu vous l'a déjà rendu. Dieu est avec vous. Il vient de vous préserver de la révolution que les méchants vous avaient préparée par leurs artifices, et votre vieille constitution s'est raffermie sur les bases de la vraie liberté, grâce aux votes unanimes des gens de bien, soutenus, le jour du vote, par les prières de l'Europe chrétienne. Vous avez noblement disputé le terrain à l'erreur, vous ne connaissez pas plus l'abstention que les vrais soldats ne connaissent la fuite, vous êtes allés au scrutin comme à la bataille, vous avez vaincu, vous triomphez ! Hier vous étiez notre refuge, aujourd'hui vous êtes notre exemple. Mais je m'arrête à vous dire comment les Suisses se battent pour la liberté, et j'oublie que je dois vous raconter encore comment les Français sont morts à la Cluse pour la patrie.

II. Il fallait mourir. Ainsi meurent les lions des batailles : Judas le Machabée pour le peuple de Dieu, Codrus pour Athènes, Epa-

minondas pour Thèbes, Décius pour Rome, Turenne et Desaix
pour la France. Ainsi viennent mourir à la Cluse ces capitaines d'un
si haut mérite, d'une espérance plus haute encore, dont je dois
vous citer les noms et vous raconter les services. Ecoutez à quel prix
la victoire s'achète et le ciel se gagne.

Le premier et le plus grand nom que je trouve sur ces tables
funèbres, déjà tout illuminées de gloire, c'est un nom de héros
et de lion, c'est le nom d'Achilli. Comment Achilli est-il devenu
le héros de la Cluse? Comment sa bouillante valeur nous a-t-elle
assuré le gain de la journée? Sa vie va nous l'apprendre. Il était
né en Corse, cette île fameuse où le génie de la guerre s'éveille de
si bonne heure dans l'enfant et où la gloire des armes parle si
haut au cœur du jeune homme. La caserne est sa première
école, il s'en fait une salle d'étude à force de travail; Saint-Cyr
la seconde, il y travaille comme à la caserne et il en sort avec
le neuvième rang. Nîmes est sa première garnison. Ne craignez
pas pour lui les séductions de cette vie facile à qui la lâcheté de nos
mœurs ne reproche rien et qui s'en autorise pour tout oser. Nîmes
sera pour Achilli une seconde patrie, parce qu'il y trouve une seconde famille. Merveilleuse rencontre, où il faut bien reconnaître
cette maternelle providence, qui prend soin des âmes, les fait l'une
pour l'autre, les rapproche quand elles s'y attendent le moins, les
sépare en leur laissant la même espérance et le même devoir, et les
réunit enfin dans une alliance d'autant plus heureuse qu'elle a été
longtemps attendue et noblement méritée. Notre sous-lieutenant a
choisi à Nîmes du premier coup la compagne de sa vie, et il n'a plus
d'autre pensée que celle d'obtenir sa main, en se rendant digne
d'elle et de la France. Il appartenait à la légion étrangère, cette pé-
pinière d'officiers vigoureux, dont on ne saurait dire lequel, du corps
ou de l'esprit, y recevait la meilleure trempe. Les expéditions lointaines étaient faites pour ce soldat résolu. Il est sobre autant que
robuste, il est laborieux autant que vaillant. Il résiste sous le ciel
du Mexique aux épreuves du climat, aux regrets de la patrie absente, aux revers de nos armes, aux dangers presque sans nombre
où l'entraîne son propre courage. La fièvre des Terres-Chaudes décime son bataillon; il se multiplie pour remplacer les mourants. Le
brigandage infeste le nord du pays, il reçoit le commandement
d'une compagnie franche et disperse au loin la bande de Davila. On
l'a vu attaqué à Palo-Verde par quarante cavaliers de Juarès. Des
deux sous-officiers qui l'accompagnaient, l'un est tué, l'autre reçoit
une blessure. Achilli demeure seul contre quarante. Il frappe à
coups redoublés, il tient l'ennemi à distance, il s'éloigne peu à peu
sans cesser de le regarder en face, il rentre à la Soledad, le sabre
au poing, les dépêches serrées contre sa poitrine, la tête haute, le
cœur ferme, avec la satisfaction modeste du devoir accompli. C'est le

témoignage du commandant de la Vera-Cruz (1) que j'apporte ici. Il
veut que je le lui rende publiquement, et il s'estime heureux, lui
Comtois et Bisontin, d'avoir connu ce fier Achilli, dont les états de
service commencés au Mexique devaient se clore avec tant de bra-
voure sur la terre de Franche-Comté. Que l'on accumule sur ce nom
déjà glorieux les mentions, les croix, les grades : l'estime de ses
camarades ratifiera tout. Il est cité trois fois à l'ordre du jour ; trois
décorations couvrent sa poitrine ; il devient en trois ans lieutenant,
capitaine, adjudant-major. La France le rappelle, sa fiancée l'attend, ses vœux vont s'accomplir. Mais quelle que soit la vivacité de
son amour, l'amitié lui impose un devoir plus sacré. Il ramène un
camarade presque mourant, il l'accompagne et le soigne comme un
frère, il ne le quitte qu'après l'avoir déposé sous le toit paternel.
L'ombre de la mort le poursuivait déjà. O mort, éloigne-toi, et laisse
Achilli rapporter les lauriers de sa campagne dans ce foyer où l'on
a tant de fois tremblé pour lui et où son nom s'est tant de fois mêlé
à la prière du soir.

Qu'il était beau ce foyer naissant déjà couronné de tant de gloire !
Une chaste épouse l'embaume de ses vertus ; une charmante enfant
l'illumine de sa grâce et de son sourire. Il faut le quitter cependant
pour la terre d'Afrique. Achilli n'hésite jamais. Il se sépare de sa
fille, et toute sa consolation est de lui envoyer, de loin en loin, par
la bouche d'un ami, une de ces caresses paternelles dont il goûte à
travers les mers l'ineffable et idéale douceur, en se disant que tel
jour, à telle heure, on lui a parlé de son père. Il se sépare de
sa femme toutes les fois que la légion s'engage dans une expédi-
tion lointaine, et il n'en veut que pour lui les risques et les
dangers. Au premier bruit de nos revers, il ne peut supporter l'idée de n'être pas à la peine. Son régiment doit demeu-
rer en Afrique, il change de régiment et il accourt du fond du
désert pour défendre le sol natal. Le 30 août il est à Mouzon,
où il se bat à cinquante mètres de l'ennemi, et où toute une compagnie reçoit l'ordre de tirer sur sa personne, tant sa bouillante
valeur l'expose aux coups et le signale aux regards. Un coup de feu
l'atteint à l'avant-bras, et c'est à peine s'il veut recevoir les soins de
l'ambulance. Mais l'ambulance tombe au pouvoir du vainqueur : il
s'en échappe, une ferme le recueille, un paysan lui donne des ha-
bits de travail, sous lesquels il peut traverser les lignes prussiennes
et passer en Belgique. Là, on le reconnaît pour un officier, tant il
en a bien l'allure et le langage ; mais l'hospitalité de nos voisins ne
songe d'abord qu'à favoriser sa fuite et bientôt à assurer son retour. L'hospice de Valenciennes ne peut le retenir ; ni les soins de
sa femme, ni les embrassements de sa fille ne réussissent à pro-

(1) M. le général Jeanningros, originaire de Besançon.

longer son séjour dans ce foyer domestique, dont il a tant rêvé l'honneur et la joie. L'honneur ! c'est de se battre pour la France ! La joie, c'est de la venger. Achilli est nommé commandant au 42e de marche. Il réduit à quinze jours son congé de trois mois, et le voilà dès le mois d'octobre au milieu de l'armée de la Loire.

Un mois s'écoule à peine, et le blessé de Mouzon s'aventure avec sa témérité ordinaire au combat de Bellegarde. Son bataillon s'est battu contre cinq mille hommes et il a bravé le feu de douze canons. Là, il reçoit une seconde blessure. Avec un bras en écharpe, Achilli aura désormais un pied saignant. Il faut le hisser sur son cheval ; il faut qu'il renonce à porter l'épée. Mais il lui reste le regard, le cœur, tout ce qui fait l'homme, tout ce qui le rend inébranlable. Sa modestie croît avec ses succès, sa foi avec sa modestie. Il instruit sa fille de ses exploits, mais il veut qu'elle en garde le secret : « Plus tard, ajoute-t-il, quand tu liras cette lettre, tu pourras dire que ton père a fait son devoir. Tu es un ange, ô ma fille, prie Dieu pour que nous puissions sauver notre pauvre France. » Sa fille n'a que trois ans. O Seigneur ! faites-la croître et grandir, cette orpheline de la guerre, sous les ailes maternelles. Elle a compris ces paroles avant de pouvoir les lire, elle les couvre de ses baisers, elle les baigne de ses larmes, elle y trouve la dernière volonté d'un père et le devoir tracé pour toute sa vie : « O ma fille, prie Dieu pour que nous puissions sauver notre pauvre France ! »

C'est la destinée d'Achilli d'être à toutes les affaires, toujours avec un nouveau grade, toujours avec une nouvelle gloire. La fortune le poursuit de ses faveurs ; mais la mort, plus fidèle encore que la fortune, se tient par derrière, comme pour tout offusquer de son ombre jalouse. Toute l'armée de l'Est l'a vu, cet homme de guerre qui marche au feu avec deux blessures ouvertes, les vêtements en désordre, un front pâle, un air résolu, ayant en main, à défaut d'une épée qu'il ne peut plus tenir, un bâton devant lequel ses soldats s'inclinent avec respect, comme si c'eût été pour eux le bâton d'un maréchal de France. Tous ses chefs le connaissent, l'admirent, le félicitent. A lui les positions les plus critiques, à lui les dangers les plus redoutables. Le 9 janvier, il est à Moimay, lieutenant-colonel du 44e de marche. Il attaque ce village, défendu par dix-huit pièces d'artillerie ; il garde pendant toute la nuit, avec un bataillon et demi, son poste en face de 6,000 Prussiens. Il entre à Moimay au petit jour, et le sang de l'ennemi a coulé avec tant d'abondance que la neige en est teinte, le sol imprégné, et l'horizon comme voilé d'une vapeur rougeâtre.

Quand il faut se replier, après les fameuses journées d'Héricourt, Achilli prend, triste et pensif, le chemin de nos montagnes, remontant de plateaux en plateaux cette belle Comté où nos rochers et nos défilés auraient tant de fois arrêté l'ennemi, si Dieu, qui se joue des pensées des hommes, n'avait ôté en ce moment aux plus braves, aux plus habiles, jusqu'à ces pensées qui appartiennent à tout le monde et qui sont de tous les jours. Le voilà sur la frontière; encore un pas, encore un quart d'heure, et Achilli aura passé sans combattre. Non, c'est maintenant qu'il faut combattre pour la dernière fois. Mais la mort est plus près que jamais; c'est maintenant qu'il faut mourir. Que fera le général Billot, dans cette panique où nos soldats cèdent un moment le terrain? Il cherche, il appelle l'intrépide colonel : « Le 44ᵉ en avant ! Achilli, mon brave Achilli, en avant! » Achilli était déjà à cheval. Il regarde ses soldats. Quelques-uns lui semblent hésiter. Écoutez ce dialogue, mille fois plus sublime que les harangues de Tite-Live : « Qu'avez-vous donc? Vous vous plaignez ! — Mais nos camarades passent en Suisse! — Eh bien ! c'est votre gloire de rester en France. — Mais nous allons nous faire tuer ! — Sans doute; c'est ce que je vous disais : vous resterez en France. » L'action recommence : une balle l'atteint au début de l'action. Il faut l'emporter; mais il a harangué les siens, il a marché à leur tête, l'élan qu'il a imprimé ne s'arrêtera plus, et sa grande ombre achève de gagner la bataille.

Venez le voir dans cette maison de la Cluse où il a été transporté, sur ce lit de douleur où son sang achève de couler pour la France. Un prêtre est à son chevet, la soutane déchirée par les balles, le front couvert de sueur et de fumée, les pleurs dans les yeux : c'est l'intrépide aumônier que le diocèse de Besançon a donné aux francs-tireurs des Vosges (1). Elles viennent de passer la montagne, ces nobles compagnies illustrées par tant de faits d'armes, à Raon-l'Étape et à Ambiévillers, et dans lesquelles notre province a compté tant de dévouements. Ailleurs, l'aumônier les devance; ici, tranquille sur leur sort, il reste en arrière; mais c'est pour offrir aux derniers combattants les secours de notre sainte religion; c'est pour prendre dans le dernier combat sa part du péril et non pas de l'honneur. Il accourt auprès de notre Achilli, il entend sa confession, il verse l'huile sainte sur ses membres, et, quand le feu a cessé, quand tout le devoir est accompli auprès des combattants, le voici qui revient auprès du mourant pour l'entendre, le bénir et le consoler encore. Il le confesse une dernière fois, il apaise les derniers scrupules de cette âme religieuse, il affirme que jamais confession n'a été plus libre, plus sincère, plus édifiante. Adieu, noble Achilli, vous pouvez mourir! vous êtes de ceux que chantait Corneille, ce poëte dont l'âme était comme la vôtre, et si fière et si tendre. Vous serez compté parmi ces Français dont la postérité dira, comme des premiers chrétiens :

____

(1) M. l'abbé Morel, curé de Mersuay (Haute-Saône).

Et, lions au combat, ils meurent en agneaux.

Vous pouvez mourir même à trente-trois ans, votre carrière est assez belle. L'Eglise, l'armée, la famille, vous serviront de témoins. L'Eglise était là avec toutes ses consolations et tous ses secours. Toute l'armée était là : généraux, officiers, soldats, chacun vante Achilli, chacun le regrette, chacun fait d'un mot toute son oraison funèbre : « C'est le plus brave de l'armée. » La famille était là avec toutes ses affections et toutes ses larmes. C'est son beau-frère, c'est le lieutenant Jozan qui l'a relevé de son cheval, qui a attaché à son cou une petite croix d'or, souvenir de son mariage et de son foyer, et qui lui a parlé de sa femme et de sa fille, de sa chère Marie et de sa chère Marguerite, avec une voix connue et un accent tout fraternel. Voyez comme ils s'aiment ! dans la bataille, chacun d'eux tremblait pour son frère et ne songeait plus à lui-même. Dans l'agonie, Achilli se console de mourir, puisque son frère lui survit. Il le serre dans ses bras, il lui recommande sa fille, il passe d'un monde à l'autre au milieu de ces embrassements si tendres, parlons ici la langue de Bossuet, il laisse tous les cœurs remplis tant de l'éclat de sa vie que de la douceur de sa mort, et plus d'un de ses compagnons d'armes, en apprenant cette fin si héroïque et si chrétienne, s'est écrié comme Villars au récit de la mort de Berwick : « Celui-là a toujours été plus heureux que moi ! »

La mort chrétienne sur un champ de bataille est le rêve du vrai soldat. Ainsi l'entend cet aumônier des francs-tireurs des Vosges, dont la modestie s'est dérobée à tous les éloges, mais dont le dix-huitième corps s'entretient toujours avec admiration. Il se cache aujourd'hui dans cette enceinte, mais le 1ᵉʳ février, sur le champ de bataille, il ne se cachait pas. Là, personne ne le connaissait, mais chacun se rappelle encore sa haute taille, sa jeunesse, son ardeur. Là il oubliait ses trois blessures, mais personne n'a oublié cette soutane percée de coups, qui se mêlait partout à l'habit du soldat et qui lui disputait les balles de l'étranger. Chacun le revoit courant au premier rang, calme dans le péril, partageant entre les blessés et les combattants ses soins paternels. Tantôt il s'incline sur les mourants pour les bénir, tantôt il se redresse devant les fuyards pour les ramener. Il les ramène en criant de toute la force de sa voix : « Allons ! enfants ! du courage ! Voyez, les balles ne font point de mal. » Pieux mensonge, si l'on ne voit que le corps, car un coup mortel venait à chaque instant démentir autour de lui la hardiesse de sa parole ; vérité pleine de consolation et de grandeur, si l'on ne voit que l'âme, car la balle donne des ailes à l'âme du soldat pour s'envoler d'un trait dans le sein de Dieu même. Non, les balles ne font point de mal au chrétien qui s'incline sous l'absolution du prêtre ou qui, à défaut du prêtre, jette vers le ciel, du fond de son cœur, le cri du repentir. Mais quel cri plus éloquent, quel sacrifice plus agréable à Dieu que le sang qui coule pour la patrie? Quel nouveau baptême! quel généreux martyre!

Non, les balles ne l'ont point atteint au delà de la vie présente, ce vaillant Saint-Aulaire dont le nom cher depuis plusieurs siècles aux lettres, à la diplomatie, à l'éloquence, se couvre d'une autre gloire dans le combat de la Cluse. Allez recueillir avec un soin pieux sa dépouille mortelle emportée par les flots. Que la ville de Pontarlier s'empresse autour d'elle, qu'un monument marque sa place au cimetière, et dise son nom à toutes les générations à venir. Un jour les portes de ce tombeau seront brisées avec éclat, cette chair humiliée et meurtrie refleurira dans la lumière, et ses premiers regards seront pour ce champ de bataille, où il a conquis la palme des saints.

Et vous, habitants de la Cluse, vous garderez comme un dépôt sacré le corps de cet autre commandant que la renommée d'Achilli, toute grande qu'elle est, ne fera point oublier. Veillez sur les restes de Gorincourt : c'est un Alsacien pour qui la terre natale n'est plus la terre de France, et qui demande à reposer ici à l'ombre de nos drapeaux! Né à Mulhouse, il a débuté comme volontaire; il a servi en Afrique, en Crimée, en Italie ; il a obtenu sur les champs de bataille tous ses grades et tous ses honneurs : les épaulettes de capitaine à Solférino, à Frœschwiller une balle à l'épaule, à la Cluse la mort des braves. Gorincourt était bon autant que brave; il portait haut le sentiment du devoir : c'est le témoignage unanime que lui rend le 2e de ligne, où s'est écoulée presque toute cette noble vie. Il a eu comme un pressentiment de sa fin. Laissez-le se confesser avant la bataille : c'est la grâce qui l'appelle. Deux balles le frappent à la tête : c'est l'image de la gloire qui le couronne au ciel.

Un colonel et deux commandants, est-ce assez de grandes victimes? Non, leurs officiers les suivent, ils se battent à leur exemple, ils mourront à leur école. Le lieutenant Depéry se sent frappé à mort, il court dans la maison voisine, il s'adresse à une femme toute pâle d'épouvante : « Un prêtre, Madame, un prêtre! » L'aumônier des Vosges est encore là, il l'a entendu, il accourt auprès de lui, il le confesse deux fois, et deux fois, sur sa demande, il le réconcilie avec Dieu ; il donne à l'Eglise triomphante un nom connu et béni dans les annales de l'Eglise de Gap par les vertus de l'épiscopat et du sacerdoce. Plus loin tombe Jules Lepain, cet enfant du Limousin sorti de nos écoles d'agriculture pour embrasser toutes les rigueurs de la vie militaire. Après sept campagnes dans la terre d'Afrique, il a fondé une famille et il partage depuis trois ans entre sa femme et sa fille son travail, son cœur et ses espérances d'avenir. Jules a volé des premiers à la défense du territoire ; il meurt des derniers coups de feu, les yeux tournés vers ces montagnes, qui lui rappellent celles de la Creuse, mais cherchant plus haut encore, de toute la vivacité de son regard, ces montagnes saintes, cette cité éternelle, où tant de braves ont reçu déjà le prix du sang qu'ils ont versé pour la France.

Il faudrait tout citer, si nous pouvions tout savoir; mais comment oublier le sergent Lefèvre, à qui Dieu laisse ici quinze jours de souffrance pour se reconnaître, se préparer et racheter une vie agitée par les passions, tant il est vrai que Dieu seul sait ce qu'il nous faut et qu'il nous rappelle à lui à l'heure et dans les circonstances où sa miséricorde aura comblé notre âme des plus tendres prévenances. Le sergent Lafleur est toujours prêt. Ses vertus sont de celles qui consolent de tout un père chrétien et une veuve pleine d'admiration pour sa mémoire. Son père écrit à l'aumônier : « Vous reconnaîtrez mon fils à un scapulaire et à une médaille de la sainte Vierge. » Sa femme n'a pas d'autre vœu à former que de lui ressembler à force de vertus. Mais j'oublie que je parle en leur présence. Voilons devant de telles douleurs cette chaire chrétienne. Je n'ai plus le droit de les plaindre ; c'est à vous, mon Dieu, de les consoler et de les bénir. Ces pères, ces veuves, ces sœurs, ces enfants, ont traversé la France pour venir pleurer à ce tombeau. Quelles âmes d'élite ! quelles larmes dignes d'être recueillies par les anges ! Accompagnez-les, anges du Seigneur, dans ce noble pèlerinage, obtenez-leur pour leur voyage, pour leur retour dans la terre natale, pour le reste de leur vie, la grâce, la paix et le salut !

Je ne citerai plus de noms, le jour n'y suffirait pas. Mais ils ont un nom qui leur est commun à tous et que je revendique pour leur mémoire en célébrant leur mort dans une commune louange, c'est le nom de chrétien. Ils sont tombés treize cents à la peine; j'en ai la ferme confiance, ils sont aujourd'hui treize cents à la gloire, car ils étaient chrétiens.

Ils étaient chrétiens, ces mobiles de l'Allier, officiers et soldats, que leur curé avait suivis sur tous les champs de bataille et qui les a assistés dans le combat de la Cluse avec un dévouement dont son humilité seule ne connaît pas toute la grandeur (1). Ils étaient chrétiens, ces jeunes gens qui se tournaient vers lui pour implorer sa bénédiction, ces chefs qui lui disaient au moment critique : « Restez là, Monsieur l'aumônier, votre vue nous encourage à ne pas faiblir; » ce moribond qui, frappé d'une balle à la tête, pendant que le prêtre élève la main droite pour l'absoudre, saisit sa main gauche et lui dit par son silence, par sa vive étreinte, le plus magnifique *Confiteor* que les saints et les anges puissent entendre dans la langue humaine du geste et du regard.

Ils étaient chrétiens, ces blessés, ces mourants rapportés dans ces salles d'école qui sont devenues un hospice, où les aumôniers de l'armée se mêlent aux prêtres de la paroisse, et où les sœurs de la

(1) M. l'abbé Rocagel, curé de Saligny (Allier).

charité déploient pendant trois semaines un zèle, une générosité, une abnégation, qui s'offenseraient encore plus des éloges des hommes que de leur oubli. Entrez dans cet hospice où tout s'improvise, les remèdes, les soins, les pansements. La nuit est venue, jamais repos de la nuit n'avait été plus mérité, et cependant avant de le prendre, les mobiles de l'Allier se forment en groupe autour de leur aumônier et font avec lui la prière du soir. Le jour revient, tous demandent à se confesser. L'agonie commence, ceux qui en ressentent les premières approches se comparent à Jésus-Christ sur la croix. L'aumônier était demeuré auprès de ces agonisants du Bourbonnais. « J'ai le côté ouvert, lui dit l'un d'eux, je me meurs de soif comme Jésus-Christ, mais ce n'est pas de l'absinthe, c'est du miel que vous m'offrez ; ma croix est plus douce que celle du Sauveur. » La dernière heure arrive ; on rappelle le bon prêtre. « Ecoutez, lui dit un soldat, je veux vous dire mon nom, afin que vous puissiez écrire à ma mère que j'ai rempli tous mes devoirs, et elle en sera consolée. » Le dernier soupir est proche : ce soldat qui va le rendre a eu les jambes brisées par trois balles ; une hémorragie de cinq heures a épuisé ses forces ; ses bras défaillent, sa tête se penche vers la mort ; il lui reste un souffle, il le dépose, avec l'expression de sa foi, sur la croix de l'aumônier ; il meurt entre les bras de son père et avec le baiser de son Dieu.

La croix de Jésus-Christ ! c'est donc là tout ce qui reste à nos braves après tant d'efforts, tant de campagnes, tant de sacrifices, tant de batailles, tant de gloire ! La croix ! c'est le dernier mot qui me reste après tant d'éloges, et c'est par là que je mettrai fin à tous ces discours. La croix ! nous l'avons plantée dans tous les cimetières où dorment nos héros. Qu'importe qu'on ignore leur nom, leurs faits d'armes, leurs services ? Il y a une date qui dit tout : 1870 ! Tout est là : le souvenir, la leçon, l'espérance. Souvenons-nous des morts, profitons de leurs exemples, préparons à nos neveux un meilleur avenir et songeons qu'il n'y a point de revanche à attendre que de la forte discipline, du courage et de la foi. Quand la patrie était victorieuse en Crimée, en Afrique, en Italie, en Chine, à peine donnait-elle une larme à ses enfants enterrés dans ces régions lointaines. Ici les larmes sont dans tous les yeux, la date funèbre se lit partout, il faut reconnaître partout la main qui nous a frappés. Ah ! que la foi, endormie dans la joie et dans la mollesse, se réveille donc dans la disgrâce et dans la défaite. Cette fatale année changera de caractère et de nom ; ce ne sera plus l'année terrible, mais l'année de grâce, et après avoir pleuré au pied de la croix sur la passion de la France, nous chanterons, dans un patriotique *alleluia*, les gloires de notre résurrection morale, militaire et chrétienne.

PAROLES PRONONCÉES

PAR M. LE GÉNÉRAL COMMANDANT LA 7ᵉ DIVISION MILITAIRE.

Le ministre de la guerre, empêché par d'importants travaux, m'a délégué l'honneur de le représenter à cette cérémonie.

Après le discours patriotique que nous venons d'entendre, le silence et le recueillement de nos pensées auraient, en ce moment, plus d'éloquence que mes paroles.

Cependant j'ai un vœu à formuler, un acte de reconnaissance à accomplir.

Que le sang répandu pour la patrie agonisante, dans cette dernière lutte, par les glorieuses victimes dont nous venons honorer et perpétuer la mémoire, inspire à la nation française plus de sérieux dans ses entreprises, plus d'union, plus de concorde pour les faire réussir et pour réparer nos désastres.

Que le flambeau de la liberté, en nous éclairant, ne soit jamais, au lieu d'une torche d'incendie, qu'un foyer de charité et de patriotisme.

Parmi nous se trouvent quelques représentants de la généreuse et vaillante population suisse. Qu'ils reçoivent le témoignage de notre gratitude éternelle pour l'hospitalité offerte spontanément par leurs compatriotes à nos soldats malheureux.

La France sera toujours honorée et reconnaissante de la sympathie que lui a témoignée dans ses revers un peuple libre et indépendant.

PAROLES PRONONCÉES PAR M. LE PRÉFET DU DOUBS.

Nous ne pouvions pas espérer la présence de M. le ministre de la guerre, si peu de temps après le voyage qu'il vient de faire dans ce pays; mais nous lui sommes très reconnaissants de la pensée qu'il a eue de se faire représenter à cette cérémonie par la plus haute autorité militaire de ce département, et je prie M. le général commandant la 7ᵉ division de vouloir bien être, près de M. le ministre, l'interprète des sentiments de gratitude de la population.

C'est à quelques pas des lieux où nous nous trouvons que se sont passés les faits de douloureuse mémoire dont vous venez d'entendre le récit. Nous sommes encore sous l'impression de ce tableau saisissant. Il semblait tout à l'heure que nous assistions à ce combat de la Cluse, dont le souvenir nous réunit aujourd'hui, grâce à l'initiative prise par le pasteur de cette paroisse. Le conseil municipal de la commune s'est joint à lui pour rendre hommage aux victimes de cette lutte suprême qui a eu lieu sur son territoire. Je les remercie au nom du département, au nom du gouvernement aussi ; car il ne doit avoir rien de plus à cœur que d'honorer la mémoire de ceux qui ont donné leur sang pour la défense de la patrie.

Le combat de la Cluse a un caractère particulier parmi tous les autres : les souvenirs qu'il rappelle sont glorieux et douloureux tout à la fois : glorieux, parce que ceux qui ont défendu ces passages ont protégé la retraite de cette armée épuisée, décimée, qui ne pouvait plus rien pour la France, malgré les efforts du vaillant chef qui la commandait ; douloureux, car cette retraite est une des plus cruelles de celles dont l'histoire gardera la trace. Je ne parle pas seulement des souffrances matérielles que nos soldats ont eu à supporter ; je parle surtout du brisement de leur cœur quand il a fallu mettre le pied sur la terre étrangère et abandonner à l'invasion triomphante ce sol de la patrie, dont l'amour est gravé dans le cœur de tout bon citoyen.

Heureusement (si ce mot peut ici trouver sa place), cette terre étrangère, c'était la Suisse, notre voisine hospitalière, et je m'associe complétement, au nom de ce département, aux nobles paroles de reconnaissance pour la république helvétique que M. le général de division vient de prononcer. J'aime à rappeler, comme lui, le dévouement généreux dont cette nation amie a fait preuve à l'égard de nos soldats malheureux, comme à l'égard des habitants de nos campagnes victimes de nos désastres.

Un jour, les restes encore épars de ceux qui ont succombé en défendant le col de la Cluse seront tous réunis dans cette tombe bénie par la religion et que la reconnaissance des habitants de cette commune leur a élevée. Une colonne, au lieu même du combat, perpétuera le souvenir de la lutte à laquelle ils ont pris part.

Ces deux monuments consacreront sans doute le douloureux souvenir d'une des grandes catastrophes inscrites dans l'histoire de la France ; mais ils attesteront aussi que tout n'est pas perdu, que nous nous relèverons un jour : car une grande nation est encore digne de ce nom, quand elle conserve le respect pour ses morts et la gratitude pour les services rendus à la patrie.

BESANÇON, IMPRIMERIE DE J. JACQUIN.

www.ingramcontent.com/pod-product-compliance
Lightning Source LLC
Chambersburg PA
CBHW071426030726
47594CB00006B/2606